QUICKIE SCIENCE CROSSWORDS, QUIZZES, WORD SEARCHES

MICHAEL FLEMING

Order this book online at www.trafford.com
or email orders@trafford.com

Most Trafford titles are also available at major online book retailers.

Print information available on the last page.

ISBN: 978-1-4907-6636-2 (sc)
ISBN: 978-1-4907-6637-9 (e)

Trafford rev. 02/23/2016

www.trafford.com
North America & international
toll-free: 1 888 232 4444 (USA & Canada)
fax: 812 355 4082

Many sincere thanks to Heidi Morgan,
Check-In-Coordinator, for her expertise in organizing
materials as I submitted them, and arranging the final book
format. It has made writing for Trafford a pleasure, indeed.

CONTENTS

Crosswords

Quizzes

Word Search

CROSSWORDS

LAB EQUIPMENT

Across

3. used for mixing (2-words)
5. bowl for grinding substance
7. used to grow bacterial cultures (2-words)
9. holds liquids (2-words)
10. for picking up and transferring
12. protects eyes

Down

1. Separates liquids from solids (2-words)
2. Metal device for holding items above lab surface (2-words)
4. a conical flask
6. exhausts undesirable gases (2-words)
7. used to grind substances
11. used to scoop and transfer

COELENTERATES

Across

2. central mouth surrounded by tentacles
4. type of coelenterate symmetry
5. phylum that contains coelenterates
9. meaning of the word coelenterate (2-words)
10. type of body skeleton
11. associated with Greek legend

Down

1. associated with medusa
3. type of nervous system (2-words)
6. environment of coelenterates
7. associated with reefs
8. portal for waste elimination

COMPUTER TERMS

Across

2. giving instruction to computer
4. smallest piece of computer info
7. a work program
8. file or disk copy
10. malfunction of the system
11. cursor locked in place
12. typeface
13. to insert text

Down

1. graphic symbol
3. beginner
4. to start up
5. storage device (2-words)
6. a created file
9. controlled by the mouse

ASTRONOMICAL TERMS

Across

3. two star system
7. compromised of dust and rock
8. a star's emitted light
10. angular distance above the horizon
11. never dips below the horizon
13. huge star group
14. left by a collapsed star (2-words)

Down

1. our galaxy (2-words)
2. brightness of a star
4. eyepiece of a telescope
5. composed of rock and ice
6. clouds of glowing gases
9. can be a solar or lunar
12. type of telescope

PHYSICS TERMS

Across

1. high energy photon (2-words)
3. protons and neutrons collectively
4. unit of heat
8. highly ionized gas
9. a unit of force
11. flows in one direction only (2-words)
12. proposed the uncertainty principle
14. energy amounts that are fixed

Down

2. velocity change in terms of time
5. heat transfer from higher temperature to lower temperature
6. energy due to motion
7. unit of electric current
10. force acting upon a body
13. unit of pressure

MOON FEATURES

Across

5. dark areas on the moon referred to as "seas"
6. line between shaded and illuminated area
8. streaks radiating from crates
9. large sea on north-west surface
10. monthly moon cycle
11. meaning of the latin word maria

Down

1. large crater slightly west
2. small mounds on the "seas"
3. result of meteorite impacts
4. collective name for the largest moon craters
6. well known crater near south
7. surface cracks

BODIES OF WATER

Across

2. smaller than a gulf
6. saltiest ocean
11. bodies of water that flow into a river
12. largest body of water

Down

1. artificial waterway
3. a small lake
4. largest ocean
5. number of oceans in the world
7. smallest ocean
8. large area of an ocean enclosed partially by land
9. smallest body of water
10. a body of water very broad relative to its depth

PROTISTS

Across

5. a common ciliate
6. means of locomotion for some protists
7. means of locomotion for some protists
10. a process of multiplication by ciliates
11. constantly changes shapes

Down

1. one of three groups of protists (2-words)
2. a common ciliate
3. one of three groups of protists (2-words)
3. one of three groups of Protists
6. meaning of the word protozoa (2-words)
8. term for having a true nucleus
9. a common ciliate

ECOLOGY

Across

3. pH less than 7
4. quantity of living matter in a specific area
6. non-living
8. lives on dead and decaying organic matter
10. meat eater
13. trees top layer
14. active in daylight

Down

1. lives on or in another organism
2. environment where an organism lives
5. plant eater
7. collective term for organism living on ocean floor
9. reaction involving oxygen
11. consumes vegetation and meat
12. low-lying wet land

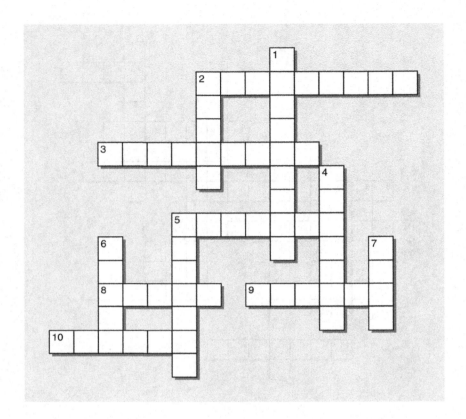

FAMOUS CHEMISTS

Across

2. discovery of hydrogen
3. helped develop metric system
5. vaccine for rabies
8. behavior of gas
9. study of ribosome structure
10. atomic theory

Down

1. created table of elements
2. discovered radium
4. electrochemistry
5. father of molecular chemistry
6. dynamite inventor
7. model of the atom

SIGNS OF THE ZODIAC

Across

2. the virgin
4. the water bearer
6. the goat
7. he archer
10. the crab
12. the fish

Down

1. the scales
3. the twins
5. the scorpion
8. the ram
9. the bull
11. the lion

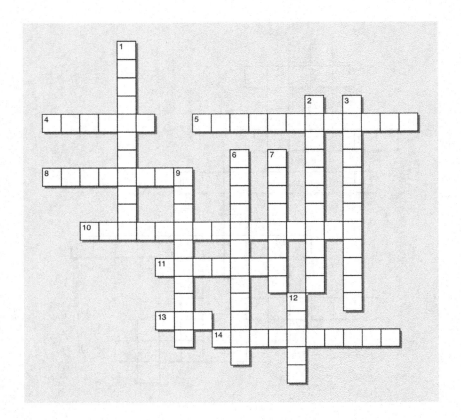

NUTRITION

Across

4. protein found in wheat
5. bad type of fat
8. eating disorder
10. good type of fat
11. the main carbohydrate in milk
13. good cholesterol
14. body process to get energy from food

Down

1. artery clogger
2. lack of enough body liquids
3. starch or sugar
6. minerals found in body fluids
7. food energy units
9. protein building blocks (2-words)
12. plant food part that is not digested

PSYCHOLOGY

Across

2. delusions of persecution
5. developed theory of operant conditioning
8. person preoccupied with illness
10. acts as moral guide
11. lack of passion or sympathy
13. faulty perceptions of the world

Down

1. area of psychology dealing with the law
3. variety of mental disorder
4. extreme distortions of perception and thinking
6. nervousness
7. father of humanistic psychology
9. type of relaxed brain waves
12. mental activity such as thinking
14. sense of self esteem

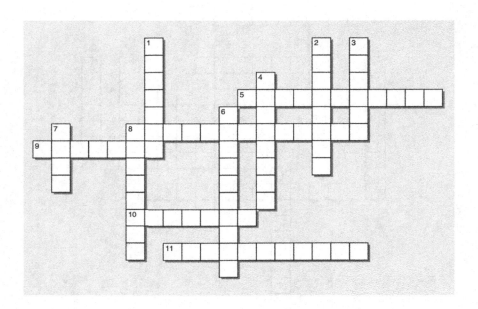

ROBOTICS

Across

5. degree to which robot functions without failing
8. hardware providing human control of robot (2-words)
9. maximum weight robot can handle
10. robot input devices
11. programming code for robot

Down

1. uses six leg appendages to move over surface
2. study of robotic motion
3. duration of robot operation
4. info return from robot to operator
6. control system flexibility
7. platform for attachment of robotic arm
8. rotating platform

MOUNTAIN AND RANGES

Across

3. favorite of mountain climbers
6. located in western North America
8. mountain system in northwestern Africa
9. world's longest mountain chain
10. eastern part of the U.S. running parallel to Atlantic Ocean
11. this range contains Yosemite National Park (2-words)

Down

1. highest range in arctic circle Renamed Denali (2-words)
4. north south mountain range from Arctic Ocean to Aral Sea
5. world's highest mountain range
7. range that contains mount rainier
12. largest mountain system in Europe

QUIZZES

QUIZ #1: GENETICS

STATEMENTS:

1. A chromosome is made of 1000's of ____.

2. ____ is one of the scientists who determined the shape of a chromosome.

3. The shape of a chromosome is known as a ____.

4. The transmission of genetic traits to the offspring is referred to as _____.

5. The male and female sex cells that carry traits are collectively called _____.

6. The male sex cell is called a _____.

7. The female sex cell is called an _____.

8. The fertilized egg is referred to as a _____.

9. A pioneer who used peas in the study of genetics is _____.

10. A human has this number of chromosomes ____.

ANSWERS:

A: gametes
B: 23
C: double helix
D: ovum
E: genes
F: Pasteur
G: Newton
H: 46
I: single spiral
J: heredity
K: Crick
L: zygote
M: 48
N: Sperm
O: Mendel

QUIZ #2: THE MICROSCOPE

STATEMENTS:

1. Another name for the eyepiece of a microscope is the _____.

2. The _____ reflects light up through the microscope.

3. The glass slide with the specimen on it is placed on the _____ of the microscope

4. The lenses closest to the glass slide are referred to as _____.

5. _____ hold the glass slide in place.

6. The rotating disk under the stage of the microscope is called the _____.

7. The microscope has two focusing knobs, the _____ and the _____.

8. One can view a specimen in 3d using a compound microscope called a _____.

9. A _____ is used to cover a liquid specimen on the glass slide.

10. The _____ of the microscope is used for support when carrying it.

ANSWERS:

A. diaphragm
B. turret
C. fine
D. cover slip
E. condenser
F. coarse
G. base
H. stereoscope
I. stage clips
J. mirror
K. ocular
L. objectives
M. nosepiece
N. stage
O. illuminator

QUIZ #3: FLOWER PARTS

STATEMENTS:

1. The __ is the part of the stem that connects to the flower.

2. The ___ produces pollen grains.

3. The ___ is made up of the male organs of the flower.

4. Pollinators are attached by the ___.

5. The structure that receives and holds pollen is the ___.

6. Ovules are found in the ___.

7. Flower parts are supported by the ___.

8. The ____ connects the stigma to the ovary.

9. The anther is supported by the ___.

10. The ___ protects the internal parts of the flower.

ANSWERS:

A: stigma
B: corolla
C: style
D: stem
E: leaf
F: stamen
G: anther
H: calyx
I: petals
J: filament
K: meiosis
L: receptacle
M: sepal
N: ovary
O: peduncle

QUIZ#4: ENGINEERING CAREERS IN PHYSICS

STATEMENTS:

1. Research and design of aircraft, missiles, satellites is a job of _____ engineers.

2. ___ engineers deal with land and resource management.

3. An ___ engineer would deal with self-propelled land or sea vehicles.

4. Designing and producing such as paints and plastics is carried out by ___ engineers.

5. A ___ engineer would apply physical principles in the production of a machine.

6. Sound and vibration would be the concern on a ___ engineer.

7. A ___ creates computer programs.

8. Dealing with air quality would be the job of an ___ engineer.

9. A ___ engineer might be involved in searching for minerals in the earth.

10. Building structures using innovative designs is the concern of a ___ engineer.

ANSWERS:

a. software
b. acoustic
c. civil
d. environmental
e. mechanical
f. chemical
g. geologic
H. web
i. agricultural
j. aerospace
k. research
l. aerospace
m. automotive
n. electrical
o. mining

QUIZ #5: ELEMENTS

STATEMENTS:

1. ____ is the most abundant gas.

2. An element that is luminescent is ____.

3. About one fifth of the atmosphere is the gas ____.

4. ____ has the symbol K.

5. Homes are often checked for the radioactive element ____.

6. Here on Earth, we have a ____ based life forms.

7. A gas used in brightly lit signs is ____.

8. ____ oxide is used to in the manufacture of rubber.

9. Essential for bones is the element ____.

10. Solder manufacture uses ____.

ANSWERS:

A. nitrogen
B. boron
C. iron
D. neon
E. helium
F. potassium
G. tin
H. hydrogen
I. radon
J. beryllium
K. calcium
L. oxygen
M. radium
N. zinc
O. carbon

QUIZ #6: ECOLOGY

STATEMENTS:

1. Two organisms of different species that benefit from each other is ____.

2. ____ is being active mainly through the day.

3. ____ factors are the non-living parts of the environment.

4. An animal that eats herbs and grasses is called an ____.

5. A close association between two different species that does not have to necessarily benefit each other is ____.

6. A ____ is an organism living on dead organic matter.

7. All the plants and animals in a particular habitat is referred to as a ____

8. The function of an organism in nature is that organism's ____.

9. A ____ is a meat eating animal.

10. An ____ is a unit of nature in which the living elements interact with the non-living parts.

ANSWERS:

A: abiotic
B: ablation
C: saprophyte
D: ecosystem
E: biotope
F: niche
G: symbiosis
H: mutualism
I: canopy
J: herbivore
K: biotic
L: bayou
M: diurnal
N: community
O: carnivore

QUIZ #7: CAREERS IN CHEMISTRY

STATEMENTS:

1. ____ might include a study of such things as salt or gemstones.

2. ____ might involve designing and developing materials for prosthetics.

3. Studying the chemistry of living organisms is the field of ____.

4. Analyzing substances found at a crime scene would be handled by a ____ scientist.

5. The field of chemical ____ involves studying the chemical properties of glazes in fired products.

6. The chemical studies of gases and aerosols in the air would be the concern of an ____ chemist.

7. Investigating the chemical safety of drugs would be handled by a ____.

8. ____ involves making sure that a company's product meets specifications.

9. ____ concerns the study of the chemical processes involved in working with ores and minerals.

10. A ____ chemist might work in a lab investigating the properties of medicines.

ANSWERS:

A engineering
B. catalysis
C. colloid
D. toxicology
E. crystallography
F. consulting
G. metallurgy
H. forensic
I. military
J. atmospheric
K. quality control
L. research
M. plastics
N. biotechnology
O. ceramics

QUIZ #8: SIGNS OF THE ZODIAC

STATEMENTS:

1. The ram is associated with ____.

2. The dates July 23 to August 22 refer to ____.

3. ____ is the bull.

4. If you are a ____, your element is water.

5. ____ is the goat.

6. If you are a ____, your stone is the a turquoise.

7. A crab represents ____.

8. ____ is associated with the dates August 23 to September 22.

9. If you are a ____, your element is water.

10. The twins are associated with ____.

ANSWERS:

A. zenith
B. capricorn
C. scorpio
D. ram
E. gemini
F. aries
G. scales
H. aquarius
I. sagittarius
J. virgo
K. taurus
L. arrow
M. pisces
N. cancer
O. leo

QUIZ #9: GARDEN FLOWERS

STATEMENTS:

1. Red ____ symbolize true love while purple might suggest royalty.

2. ____ is excellent as a ground cover.

3. The tea variety of ____ is the most common.

4. Very fragrant with massive blooms is the ____.

5. Actually ____ grow best in a clay pots helping them to thoroughly dry out between waterings.

6. ____ are chosen for fall and winter arrangements and are known as frost flowers.

7. ____ grows as a shrub and can reach over ten feet in height.

8. The seeds of ____ are used to produce oil and can be roasted and eaten.

9. Oil made from ____ is said to relieve tension.

10. ____ are frequently associated with Easter.

ANSWERS:

A. tulips
B. asters
C. lilies
D. phlox
E. sunflowers
F. hydrangea
G. geraniums
H. fuchsia
I. lavender
J. roses

QUIZ #10: ATOMS AND MOLECULES

STATEMENTS:

1. One of two ways that atoms are held together is through ___ bonding.

2. An early description of the structure of the atom was developed by ___.

3. ___ is a very long molecule containing genes.

4. A molecule is composed of at least two ___.

5. ___ are atoms that are the same excepting their number of neutrons.

6. An ___ is a substance made up of only one kind of atom.

7. ___ have a neutral or no charge.

8. ___ have a positive charge.

9. A ___ is the smallest amount of a chemical substance that can exist.

10. ___ have a negative charge.

ANSWERS:

A. bohr
B. electrons
C. isotopes
D. atoms
E. protons
F. element
G. neutrons
H. dna
I. molecule
J. covalent

QUIZ #11: PLANETS:

STATEMENTS:

1. The fourth brightest object in the sky is ____.

2. ____ has the longest day.

3. The densest planet is ____.

4. ____ is closest to the sun.

5. Sometimes referred to as a dwarf planet is ____.

6. ____ is called the red planet.

7. The first planet predicted mathematically is ____.

8. ____ is the seventh planet from the sun.

9. The second largest planet is ____.

ANSWERS:

A. pluto
B. mercury
C. jupiter
D. venus
E. mars
A. saturn
B. earth
C. uranus
D. neptune

QUIZ #12: GEOLOGIC FORMATIONS:

STATEMENTS:

1. Located in Utah, _____ is one of the largest natural bridges known.

2. The Maid of the Mist sails at ___.

3. The cave called ___ is located in Scotland.

4. ___ is the result of an volcanic eruption, and is along a coast of Norther Ireland.

5. ___ wood is a stone-like fossil of the original wood.

6. The driest and lowest and hottest area in North America is ___.

7. ___ are caused by rocks getting pushed across the desert by sheets of ice.

8. ___ is the name of a large moraine in Wisconsin.

9. The ___ is over a mile deep.

10. They ___ are dry and often display beautiful color displays.

ANSWERS:

A. badlands
B. grand canyon
C. death valley
D. rainbow bridge
E. giant's causeway
A. sailing stones
B. fingal's
C. kettle
D. petrified wood
E. niagara falls

QUIZ #13: FAMOUS PHYSICISTS

STATEMENTS:

1. ____ worked on measuring the speed of light.

2. The theory of relativity was developed by ____.

3. The real father of the electric age is considered by some to be ____.

4. A man by the name of ____ developed the first successful long-distance wireless telegraph.

5. ____ proposed a theory of the structure of an atom.

6. The ____ scale is a unit of temperature measurement.

7. An early study of electromagnetism was carried out by ____.

8. ____ was a pioneer researcher of radioactivity.

9. The first pendulum clock was patented by ____.

10. ____ was a key pioneer in the field of quantum physics.

ANSWERS:

A. einstein
B. bohr
C. kelvin
D. tesla
E. curie
F. marconi
G. heisenberg
H. huygens
I. faraday
J. michelson

QUIZ# 14: MATH TERMS

STATEMENTS:

1. A ____ implies having direction and magnitude.

2. The ____ of a circle is the length of a straight line from the center to the perimeter.

3. In general, ____ is the study of mathematical symbols and accompanying rules for manipulating them.

4. A general proposition is a called a ____.

5. A ____ has six rectangular faces at right angles to each other.

6. ____ deals with sides and angles of triangles.

7. The distance around the boundaries of a circle is the ____.

8. The two main types of ____ are integral and differential.

9. An ____ represents the power to which a number is to be raised.

10. The ____ is the average.

ANSWERS:

A. algebra
B. calculus
C. mean
D. circumference
E. cuboid
F. vector
G. exponent
H. trigonometry
I. theorem
J. radius

QUIZ #15: TREES

STATEMENTS:

1. Acer is the genus of ____ trees.

2. Ponderosa is a type of ____ tree.

3. ____ tree wood has been used to make baseball bats.

4. The western type of ____ tree is good for outdoor furniture,

5. This species includes the tallest trees in the world.

6. The world's oldest trees are bristlecone pines which are ____.

7. ____ trees make wonderful shade trees.

8. A tree that loses its leaves every year is classified as a ____.

9. The ____ is an evergreen tree that loses its needles in winter.

10. Hardwood often used in furniture can be provided by the ____ tree.

ANSWERS:

A. maple
B. conifers
C. deciduous
D. ash
E. elm
F. oak
G. pine
H. larch
I. juniper
J. redwood

WORD SEARCH

```
T  H  E  N  E  A  M  E  O  F  T  H  E  R  E  D  P  L  A  N
E  T  I  S  U  M  A  R  S  F  G  G  I  S  X  A  U  J  X  M
U  L  H  U  K  D  C  U  Z  I  A  I  W  V  J  C  Z  J  B  G
P  X  C  Q  A  U  F  I  J  L  S  T  W  E  R  M  E  K  L  I
S  Z  M  Z  R  R  J  F  W  W  I  N  C  F  S  V  A  N  O  N
D  E  V  Y  Y  S  N  O  T  J  T  I  S  N  Z  K  Y  W  O  O
F  E  X  U  O  M  K  W  X  A  J  O  Q  T  X  Z  H  Z  D  B
W  R  D  B  T  N  P  S  X  N  C  B  X  K  L  E  I  G  W  W
Q  Q  I  M  I  W  S  C  G  S  P  J  B  U  Z  N  M  A  D  C
H  K  Y  F  C  Y  F  Y  C  M  J  Q  M  M  X  K  S  E  G  L
R  O  Q  N  C  U  L  Q  I  J  K  N  O  N  Z  N  I  L  F  A
H  S  M  E  A  H  H  C  T  K  H  F  C  B  M  R  K  C  O  I
K  T  E  R  N  L  P  F  O  Z  T  Y  Q  P  C  G  N  S  W  L
R  U  M  V  C  I  Q  M  Y  A  Y  Z  B  A  F  A  R  U  A  E
H  O  G  E  E  Y  J  G  R  P  R  J  V  G  O  W  U  M  I  H
E  F  P  Y  R  F  B  L  A  Q  M  I  S  G  R  N  L  E  W  T
X  S  T  E  M  L  H  T  K  C  E  D  T  L  N  F  N  U  N  I
J  D  S  M  A  V  C  B  O  E  N  U  F  X  H  G  O  I  X  P
P  E  P  T  F  E  X  B  R  V  C  G  W  O  A  H  K  X  K  E
J  W  G  J  H  F  O  N  P  S  Q  O  C  C  X  X  T  J  Y  S
```

CELL TYPES

BLOOD	BONE	CANCER
EPITHELIAL	EUKARYOTIC	FAT
MUSCLE	NERVE	PROKARYOTIC
SEX	SKIN	STEM

```
A T H E N A M E O F T H E R S E D P L A
P N E T I S M A R S K B B S I S C H Z P
H K Z J E X N F A H D T R F L K E V K W
I L O F S R P X A I G Y W V V V G T O K
D U L M U Z B Z Z Y R E I K E A A D I P
S T I C K S E S N P G S Q T R D E M A M
M A B T G S T C Z S B Z L R F V R K C K
C A X E R D K W N W E N P K I I E G V V
U I S D A H C U N L B H G Z S F P O I M
I Y E D S D U U O Q S Z C S H H L V G V
A N I H S K I N C X R I K A Z R E T Z A
N Z L V H V J Y C U E Q O K O M X J B G
T U F P O B I G G X T R P K D R S A E V
S S M M P T S J O Q L O R A W S K E H G
Z E M R P U Q D B W J D P B R X M C E B
T L U M E U A K X H J W T P J Z U V O B
F T A P R A B C R I C K E T S C E I T C
J E U I S X W W Y W C I S A H M H C P Q
L E M G P Y L J I K Z W J B S E T V I U
V B D P R W U P C N T L Y T J A B U Q L
```

INSECTS

ANTS	APHIDS	BEES
BEETLES	COCKROACHES	CRICKETS
FLIES	GRASSHOPPERS	LICE
MITES	SILVERFISH	TICKS

```
T R E D W O O D H E N A M E O F T H E B
R R E L D P L A N E T I S M A R S M Z I
A G X W M V T R V L Z D S O A Q A I J R
D F M I D C N I J B M Z M J A D D Z B C
E H R I I A O P G W L U S B A K L C Z H
C V K F U D N F D D Z V B K G F H W U E
A S H S D M Q X K Z D J X X I S I M D M
K M G S T A O C M D X W S J R J W E R C
Q X X O P P V T U I O U N L I G C I V W
R Q A T V L K H P D D Z A O L M V B X C
G S G B G E O U Y D B C U C J Y O B V G
D Y Y V T B R D N T J S K N N V Q O J P
K P O Y Z U L X D K H L A Y H Q V N E N
R W E U W F T I X M N R B R D I L D E I
E A P U F A B T J U V S U M F N F P A S
C G H X B K L R C C F K S A J A B W Y Y
U N C J M H N N T N J T E E C X S S V R
R D R T F H S X U M B W X N C S R S F Z
P E A U E T O K B T D N F U I B Z O A Q
S W L D V E J P C X S B E E E P D D O S
```

TREES

ASH	BIRCH	CEDAR
ELM	LARCH	MAPLE
OAK	PINE	REDWOOD
SASSAFRAS	SPRUCE	WALNUT

```
U  T  H  E  T  R  A  P  E  Z  I  U  M  N  A  M  R  E  O  F
T  L  H  E  R  E  D  P  L  A  N  E  T  I  S  M  A  A  R  S
J  H  N  C  Z  F  W  B  V  W  I  F  L  J  M  G  D  C  M  W
P  Y  D  A  S  D  E  A  P  Z  L  T  E  L  F  X  I  Q  W  O
W  J  T  H  O  L  L  Q  W  G  P  D  U  X  M  D  U  K  R  T
D  K  R  Y  A  A  T  N  T  T  K  I  K  S  R  U  S  O  B  J
E  W  Q  K  N  M  M  S  J  J  B  N  S  A  T  D  O  C  Z  B
Z  S  Q  Y  R  A  A  E  E  D  U  S  E  I  N  N  I  C  Z  S
B  A  X  L  U  N  A  T  E  V  P  A  V  T  F  C  C  R  R  T
Z  K  S  Q  K  R  A  N  E  P  Q  M  E  N  N  O  W  P  X  P
A  M  L  B  X  N  B  C  O  B  W  C  P  T  P  A  R  X  R  R
B  U  M  W  P  H  L  D  Z  B  E  A  Z  K  A  J  V  M  M  C
R  R  R  U  T  O  Z  B  I  N  H  C  D  R  C  T  W  Z  G  V
Y  T  J  S  L  U  F  E  D  O  N  B  Q  I  I  P  I  S  P  Y
S  E  K  D  R  A  C  Y  M  A  Z  D  L  D  O  X  N  P  K  S
U  U  P  A  X  X  O  C  D  P  J  E  V  M  W  H  B  M  A  I
Y  Q  R  D  Z  S  W  T  N  N  P  U  P  N  T  T  P  O  I  C
D  I  V  C  G  M  L  B  C  T  Y  M  G  A  S  M  X  A  B  W
Y  R  J  I  D  Y  X  C  Y  P  T  Q  C  Y  R  S  Q  S  C  T
X  T  P  M  L  C  F  Q  H  V  Y  M  U  O  I  T  Y  X  W  S
```

WRIST BONES

CAPITATE	HAMATE	LUNATE
PISIFORM	RADIUS	SCAPHOID
TRAPEZIUM	TRAPEZOID	TRIQUETRUM
ULNA		

```
T H E N A M F E O F T H E R E D P L A N
E L T I M S O M A R S B O G Q N D C O X
U E V O I J C T R P O D Z M Z V E I N D
B N T A R B U C F C P U O P V W W K X O
N S F R R K S Y T G K A D D J M C C I D
L K P U O U E P R L B S Z S X E A V H Q
P P Z X R N R Q P U W Q E T S A P E C V
K I Y Q R L L Q L R K Y Q Y Q N M A N F
C O U N T E R W E I G H T O M Q X X A I
X S Y C N U N K W N E Y N D C Y G E R E
W P Y R Z Z J E H Z Y L N I Z R I P D B
Q I L I S N I D V L C Q V M S Y X O Q U
T X P E L H L T Z I E G S Q M D I C V T
E V Y A C A R C B N R J Y R R H G S V F
J F S I H Y V O D B M D I U Z O Z R S J
S L D K Z N A T A H T J K H N L K E S D
D H W M W G X R N R H U C C Z L R D N D
M R L A N C G K D U Z S E P O L T N K Y
H Z O R M Q Q K M U O A A Z D L L I J J
Y E Y E P I E C E Y Z M J A T H C F E K
```

PARTS OF A TELESCOPE

CLOCKDRIVE	COUNTERWEIGHT	DEWCAP
EYEPIECE	FINDERSCOPE	FOCUSER
LENS	MIRROR	MOUNT
TUBE		

```
T H E N A M E O F T H E R E D P L A N E
T I S M A R S T U K O O D J Q M C I E G
K U L P L I E C A R D I N A L L X C A P
N R A F E J H T I H V L O U Z C C U G S
O U Q Q W X N Y L A M Q S O Z Q D N L J
X E T W U R L M Y W Z Z T G F W O U E I
U D I H E P E C N K I K W D M X B Y C F
Y H G K A F S N Z Z V X C Y P E I Z W L
I L Y S X T Q G S P F V F A Y B I N S J
A U T F R I C U C H C T T W G N V E K O
R U P E Y L L H I P W L S R O O I C Y N
E C B I R R T M U N Q Z Y T K R U B J Z
K R H V L N W A S H W M J N V W R L O I
C O O Y Y N Y W M W V X U Y Q Y L A N R
E W T N J A V H X V D H Y F A P D X P L
P A A Y V C C S Z P F W U J R J Y O C S
D J R T Z I O C B L A Q M W Y E E E G G
O I P T V L C V I R P V X H F W J U X S
O I K B M E P L U J H Y T C T Y A U L N
W A V C Q P H W M P K Y F N G R V G P B
```

Birds

BLUEJAY	CARDINAL	CROW
EAGLE	HAWK	NUTHATCH
PELICAN	ROBIN	SPARROW
TERN	WOODPECKER	WREN

```
T  H  E  N  A  M  L  E  O  F  T  H  E  R  E  D  C  P  L  A
N  N  E  T  I  S  E  M  A  R  S  A  N  K  C  A  O  Z  M  W
R  O  X  X  H  A  A  W  Q  S  Y  S  D  Y  K  T  P  B  O  I
T  B  N  V  T  H  D  I  U  A  K  V  X  E  H  F  P  H  K  O
P  R  M  C  Y  M  N  R  F  Y  T  G  S  A  B  V  E  R  T  P
O  A  D  C  A  U  K  I  L  D  K  A  R  O  E  Y  R  J  W  K
I  C  B  B  N  P  G  M  T  T  N  U  Z  O  W  O  L  X  T  G
S  U  X  A  F  L  O  U  E  R  T  P  V  M  R  C  Y  E  T  F
W  M  T  C  K  M  C  K  Z  J  O  A  Y  W  C  H  I  T  C  C
U  Y  P  O  T  A  S  S  I  U  M  G  A  W  A  X  K  Q  H  A
G  V  Q  D  B  E  U  K  C  K  W  U  E  C  O  R  E  L  P  L
K  L  Z  G  I  L  F  P  B  D  O  O  S  N  M  G  I  I  A  C
N  O  P  N  X  Z  A  D  G  P  T  I  V  V  W  U  Z  M  E  I
E  N  Y  Y  R  I  Y  Y  Z  V  I  J  M  D  S  D  I  V  S  U
G  O  R  F  A  U  Q  Q  N  L  Y  K  Q  V  N  V  I  D  V  M
O  T  U  X  A  O  E  Z  A  W  B  F  I  Q  A  E  R  T  O  Z
R  P  C  E  K  C  H  C  A  P  C  N  E  O  N  H  G  M  M  S
D  Y  R  F  W  Z  F  B  T  S  I  E  X  Z  G  Y  F  Y  U  Y
Y  R  E  E  G  G  G  Z  R  A  N  A  R  M  S  M  Y  T  X  W
H  K  M  S  L  H  Q  Q  E  A  E  M  G  F  J  M  G  K  P  O
```

ELEMENTS

CALCIUM	CARBON	COPPER
HYDROGEN	KRYPTON	LEAD
MERCURY	NEON	NITROGEN
OXYGEN	POTASSIUM	SODIUM

```
T H C E N A M E O F T H E R E D P L A N
E T I O S M A Y R S B S Q P L G M J R Z
K Z O M N R A M L D I T H A E Q S T R J
G U D G J E E N O I V C X L G S B U C L
U P Y A I N F T B B L F M F U A C L A J
G L F A I Z K L L Q L W S R D T V I R Y
S O V N W S X J O S F N Z T P B B P N L
O M J G J K Y O O W I C Z L C G E C A V
J D F I S V S G D M E X F M L C K H T T
U D A M P O F G R V R R Y A L Q U J I W
P X A I X L A Z O S N Y Z S A W G I O M
P P L Q N H L I O J M P S N I N Z J N C
K B W T V O R Q T A S M R E A C E G C H
C B R O S E G Q I U G T Y E N E O G F C
U T L K O O D E C K L S A T D O L A N U
R X U L B U H A B S F K K Y P N M A B Y
E P C E K H I L E K G D B V I A E E Z P
T C L C T I S J C A B W E G I E M V N A
S I R S X X X J C R B S W L H W F A A A
A W D K Z U S R K S K A C Q A J B Z J L
```

FLOWERS

ANEMONE	ASTER	AZALEA
BEGONIA	BLOODROOT	CARNATION
CONEFLOWER	DAISY	LAVENDER
LILY	ROSE	TULIP

```
T H E N A M E O F B T H E R E D P C L A
T N E T I S M A R S E A L I F D W Y W E
Z O O A K F F L M D G A Q N G O U L H X
P K N F H V G L W S T H K D D V H I B W
V E H G E T J O A C K I P E D U V N A P
E T T P S P H D Y S B K Y Y R A R D L R
N Y K R P J X E A Q K H I T V L B E A F
I J J R I J P X R Z V S T X U J D R N K
Z Y D N R D G A O M N T O K W V R S C O
T T G G Y U I L Q S O E X G D P G R E I
T J Z X Y V P S Y Q P M C B G I L O P G
M Q A C G I B Y H J Y S E R M B W P X Q
O Z S O M O G Z N G V H E T U S C K G T
H E R O X K G G X R L M E B E Z E K S H
E S E G D L J G E F E Z P W U R V O B L
Q F P J U E Z A L O J P U B U T A G N M
T G P R K N O E A E J E P V X C T B R Q
A P O C R N K J L Y S Z G O H Y V S H G
T D T Z Z U W F S Y U F A O R Y D Z E K
V O S W Y F E Z R G L Y M Z T D Z V F T
```

LAB TOOLS

BALANCE	BEAKER	CYLINDERS
DROPPER	FLASKS	FUNNEL
GOGGLES	PETRIDISH	STOPPERS
TESTTUBES	THERMOMETER	TONGS

```
T B H E N H A M E O F T H E R E D P L D
A N E E T I A S M A R S S M J W L P N E
T O L D R R Y B N T T R P K R I B N Z T
V D X B R O V W I X L Q R G X X E U C R
P K V Y D O M Y R T H P H M L P M E Q I
G I U D F R C J W S A Z C L X X C B S T
H Y M B Z M J K S D N T H I Q E N I U U
H I M G Q K F K C O M Y I V T L H H B S
W S X G L W V W B X K F U V H O H L L I
W Y B Z L A P X C U R S M A O G I H I V
Y F K W P I C X A I F B A I D J T B M Y
E I I R L I M I I W W I V H C Q M J A Z
J B T R G X B N E E K J L I P U A L T C
A W P L C E G S O R P B X A K Q N E I Q
C Y L T C R F S R L J Y N G R A M F O B
Y X F I X I M A M X O F T S W O H D N O
O I V S G C B M F Y O G U O H A T H A L
M B T J X B R O Q N P X Y M N D U T P P
B V N F A Q N I R F A X H W S E A A I Y
A T O L L H X B V K L K G M V T G M Q L
```

ECOLOGY

ABIOTIC	ATOLL	BEDROCK
BIOMASS	DETRITUS	GENOTYPE
GLACIER	HABITAT	LIMNOLOGY
LITTORAL	SUBLIMATION	XERIC

```
T H E N A M E O F T H E R E D P L A N E
C O M E T S T I S M W A R S S V E Z Y O
R C R H B O X R F D A Z L J E I C T Z C
C B N O N L J Y F B N D N U D G L B B V
S Y R A U S H R Z A I P G T Z Y I E G E
C M C T Y T C L O Y N K Y Z J D P C N M
N E Q Y E I Q H W I G E G D W T S T X X
X R S B M C J P U O C Y O L G D E F Y F
Y I F Z G E X W M M P J X M B I V V Z B
I D M E Z B Y N B N Y Q A A P J Q I O E
I I N M C R V M X G O C I T L F C Y X T
V A V J O E E C Y A K I M A J A R P Q I
R N Z U T H L N N P T D T W B I G N F S
J X R N D Q O N O L C J I A E A Z E N N
C D V E L T H N I V P N O O T X P H E A
A K P B J S K E Y K L I L Q R L D F C R
I V M U I X C E T G S K Z Q P E U Y D T
D O H L B C A X H X W E R X G A T C H L
O U M A H E L Q H T Q M S A K B G S C C
Z G S W V B B E N U W B A W H B K O A O
```

ASTRONOMY

ASTEROID	BLACKHOLE	COMET
ECLIPSE	GALAXY	MERIDIAN
NEBULA	OCCULTATION	SOLSTICE
TRANSIT	WANING	ZODIAC

```
T T R A P E Z O I D H E N A M E A O F T
H A E R E D P L A L N E T I S M L A R I
S G N R Q H C Y W Q A F T Y K P G C J N
N J N G D V S O Q B Z R K U Z V E F L T
V X O H L D L S U M H E E O U E B Q T E
I R I Y S E T R B U N S G T Y F R B I G
J Z T O B E B J H L Y N S U A V A F N E
Q Z A B Y A T L Y S P E J F F L P N J R
D G U Z T K K O Y Z L K W T U Q I C U S
J Y Q Z C F D N E F P W A S N K M U G F
S U E S Y S G Z M K D M R L C Y E E Q B
U O A S L G C I F V K C Z I T G L E E E
K H Q Q N M C I W B Q O E Q I O I M X E
T Q B Z S D E X T L H V V T O D T J N U
H L N L D P C R P S T N C K N H N W K J
E G A O G Q E C O S I X K X S Y E O Z D
O M I X F A K M E E O T D K O X C Q F T
C X D O T L L Q J S H O A R G W R W B V
S S E S Q N B A H L D T O T C X E C W S
S C M J G E O M E T R Y G X S Z P F E P
```

MATH

ALGEBRA	ANGLE	EQUATION
EQUILATERAL	FUNCTIONS	GEOMETRY
INTEGERS	MEDIAN	PERCENTILE
STATISTICS	THEOREM	TRAPEZOID

```
T  H  O  N  E  C  E  L  L  E  D  E  C  N  A  M  E  O  P  F
T  H  E  R  F  E  D  P  L  A  N  E  I  T  I  S  M  A  A  R
S  T  F  G  L  U  Q  L  G  S  O  F  L  M  U  O  I  L  R  V
S  Q  B  G  A  S  K  L  U  L  W  Z  I  C  B  J  V  X  A  D
D  E  Q  P  G  S  E  E  O  Z  C  C  A  W  E  K  Z  I  S  N
F  R  B  S  E  V  D  Z  E  Q  M  M  T  L  F  K  M  Y  I  W
U  L  U  O  L  P  B  X  B  R  P  H  E  M  Y  T  D  I  T  Z
Y  P  H  Q  L  N  Y  Q  R  M  Z  W  S  Q  Z  N  I  G  E  V
P  B  V  I  A  E  G  L  A  T  Y  W  P  S  W  A  Q  F  S  U
S  N  S  O  T  N  G  V  A  C  N  W  F  Q  C  S  A  C  A  N
E  B  B  W  E  U  S  S  R  L  I  A  A  A  Q  D  J  O  G  U
U  T  R  M  S  F  Z  E  U  O  T  P  I  A  I  J  L  K  D  V
D  A  O  I  N  T  J  Q  T  G  T  I  O  C  U  R  G  J  A  Z
O  M  R  D  U  M  T  A  L  O  T  N  J  C  E  W  A  N  V  K
P  O  L  E  V  H  A  J  E  G  Y  S  E  S  S  M  V  L  L  J
O  E  P  K  T  C  J  Z  O  G  L  R  T  T  Z  O  A  M  A  D
D  B  T  K  K  Q  P  Q  H  F  E  X  A  D  S  P  R  R  A  M
E  A  W  G  O  L  D  Y  U  X  D  T  V  K  B  K  G  C  A  U
D  M  Y  T  V  R  S  E  V  P  X  X  Z  Z  U  Q  Q  K  I  P
C  P  R  O  T  I  S  T  A  L  L  U  J  H  A  E  V  P  I  M
```

PROTOZOAN

AMOEBA	CILIATES	EUKARYOTES
FLAGELLATES	MALARIA	MICROSCOPIC
ONECELLED	PARAMECIAN	PARASITES
PROTISTA	PSEUDOPOD	STENTOR

```
T H E N A S O D I U M C H L O R I D E C
M E O F T H E R E D P L A N E T I S M A
A R S W D V R I Q F L T C K J O D N U F
C L I T R F V F J I F D C F K S E T A F
Z Z L B A N B T S Z R P U C V D X Z O E
H B G E U M I V B L B P N X G S T E J I
Z H O U S P A T X B S Y R M D S R H U N
S V D R R D R T R L J L F A P D O K K E
M B O I I W D O Y O K B C L Y L S C S Z
O C O M C C U I F O U B U T A N E T K X
D R Y A S A A T C E D S B X A Z F I G U
D Q A A K O C C N A N I O P Q S V L L X
J E K T S E B I I F C U C X I C I P C H
H E I D A L Z J L D Y I R A I P X E C M
I N Q G I Y N W P Y Z G R D C D J J N W
U O Q B N F L H A Q C Q B U Q I E H R N
T T W D O N O O C B B I K B F X R V B B
E E Q H M L J K Y V F A L U E L M T Z C
R C L J M J O V D I T H W A A J U Z I F
R A A D A Q W N E H X K E Z S D D S Z C
```

CHEMICAL COMPOUNDS

ACETONE	AMMONIA	BORICACID
BUTANE	CAFFEINE	CITRICACID
DEXTROSE	IBUPROFEN	NITROUSOXIDE
SALICYLICACID	SODIUMCHLORIDE	SUFURICACID

```
T H E N F A M E O F T H E R E D P D L D
A S N E T L I S M A R L S G X C S I Y E
B S O X R H U A Z M U D E Q Y V D M C C
R R G F O F L O E X B A D D X Q U M X O
R K H Y T N K C R A K Y H O V A R A M R
G B S L T W Z I G E W K S W O R S B A A
V K W U N R H P J H S A X T N L R L B T
A R P L E C A I P X F C E U K F F E T I
D M D C I H J T T T R X E A N P B R J V
A E S R C M C N P E Y M C N I Y J U W E
A L B G I I I E Y E J P O Q T I V M D E
L V F B F B U C G T I E B F I Z R C L I
E S Q X F F N S A P Q U C P R H N Q I Q
D I X Q E L Q E N D I I K N Y P B Y E I
A U F D Y O B D E J B H O K A R M C L D
C P M D G S F N G D R T U B N I W W V R
V F W U R B T A O L D R L A T J L Z N O
L O L H E S B C L T H U T K O D T P B X
E Q S K N R R N A S R H F V P T E I P I
D D Y E E Y K I H Q Z R J E S H L L X A
```

LIGHT BULBS

APPLIANCE	CFL	DECORATIVE
DIMMABLE	ENERGYEFFICIENT	FLOOD
FLUORESCENT	HALOGEN	INCANDESCENT
LED	SOFTWHITE	SPOT

SOLUTIONS

CROSSWORDS

CROSSWORDS

LAB EQUIPMENT

Across

Across

3. used for mixing (2-words)
5. bowl for grinding substance
7. used to grow bacterial cultures (2-words)
9. holds liquids (2-words)
10. for picking up and transferring
12. protects eyes

Down

1. Separates liquids from solids (2-words)
2. Metal device for holding items above lab surface (2-words)
4. a conical flask
6. exhausts undesirable gases (2-words)
7. used to grind substances
11. used to scoop and transfer

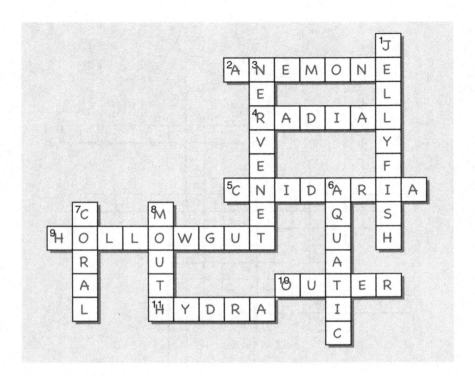

COELENTERATES

Across

1. central mouth surrounded by tentacles
4. type of coelenterate symmetry
5. phylum that contains coelenterates
9. meaning of the word coelenterate (2-words)
10. type of body skeleton
11. associated with Greek legend

Down

1. associated with medusa
3. type of nervous system (2-words)
6. environment of coelenterates
7. associated with reefs
8. portal for waste elimination

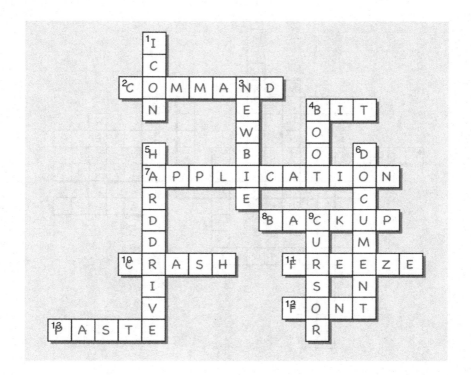

COMPUTER TERMS

Across

2. giving instruction to computer
4. smallest piece of computer info
7. a work program
8. file or disk copy
10. malfunction of the system
11. cursor locked in place
12. typeface
13. to insert text

Down

1. graphic symbol
3. beginner
4. to start up
5. storage device (2-words)
6. a created file
9. controlled by the mouse

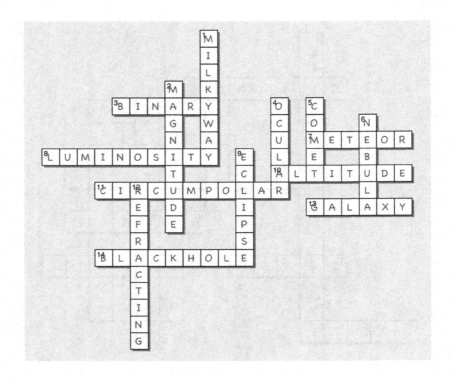

ASTRONOMICAL TERMS

Across

3. two star system
7. compromised of dust and rock
8. a star's emitted light
10. angular distance above the horizon
11. never dips below the horizon
13. huge star group
14. left by a collapsed star (2-words)

Down

1. our galaxy (2-words)
2. brightness of a star
4. eyepiece of a telescope
5. composed of rock and ice
6. clouds of glowing gases
9. can be a solar or lunar
12. type of telescope

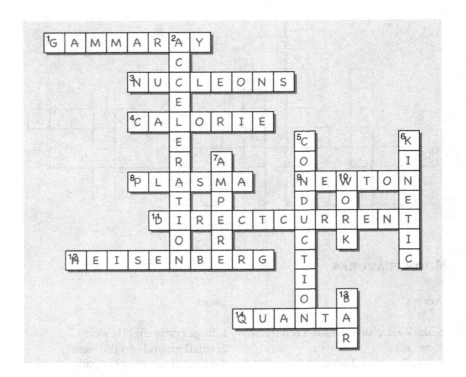

PHYSICS TERMS

Across

1. high energy photon (2-words)
3. protons and neutrons collectively
4. unit of heat
8. highly ionized gas
9. a unit of force
11. flows in one direction only (2-words)
12. proposed the uncertainty principle
14. energy amounts that are fixed

Down

2. velocity change in terms of time
5. heat transfer from higher temperature to lower temperature
6. energy due to motion
7. unit of electric current
10. force acting upon a body
13. unit of pressure

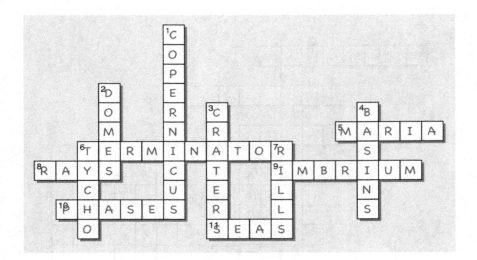

MOON FEATURES

Across

5. dark areas on the moon referred to as "seas"
6. line between shaded and illuminated area
8. streaks radiating from crates
9. large sea on north-west surface
10. monthly moon cycle
11. meaning of the latin word maria

Down

1. large crater slightly west
2. small mounds on the "seas"
3. result of meteorite impacts
4. collective name for the largest moon craters
6. well known crater near south
7. surface cracks

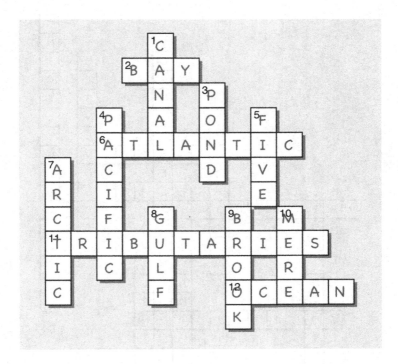

BODIES OF WATER

Across

2. smaller than a gulf
6. saltiest ocean
11. bodies of water that flow into a river
12. largest body of water

Down

1. artificial waterway
3. a small lake
4. largest ocean
5. number of oceans in the world
7. smallest ocean
8. large area of an ocean enclosed partially by land
9. smallest body of water
10. a body of water very broad relative to its depth

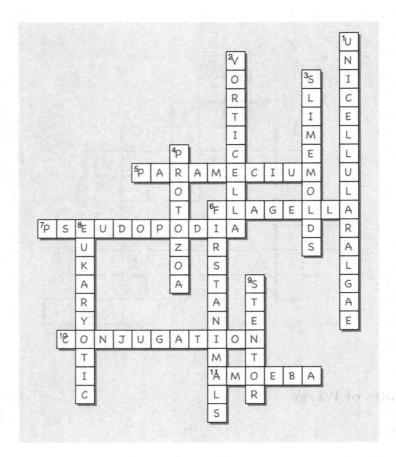

PROTISTS

Across

5. a common ciliate
6. means of locomotion for some protists
7. means of locomotion for some protists
10. a process of multiplication by ciliates
11. constantly changes shapes

Down

1. one of three groups of protists (2-words)
2. a common ciliate
3. one of three groups of protists (2-words)
6. meaning of the word protozoa (2-words)
8. term for having a true nucleus
9. a common ciliate

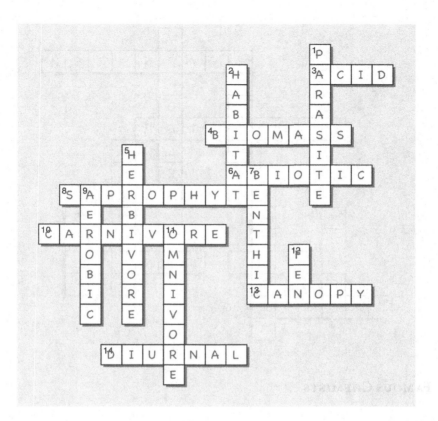

ECOLOGY

Across

3. pH less than 7
4. quantity of living matter in a specific area
6. non-living
8. lives on dead and decaying organic matter
10. meat eater
13. trees top layer
14. active in daylight

Down

1. lives on or in another organism
2. environment where an organism lives
5. plant eater
7. collective term for organism living on ocean floor
9. reaction involving oxygen
11. consumes vegetation and meat
12. low-lying wet land

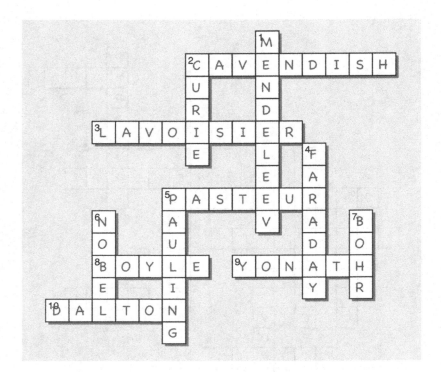

FAMOUS CHEMISTS

Across

2. discovery of hydrogen
3. helped develop metric system
5. vaccine for rabies
8. behavior of gas
9. study of ribosome structure
10. atomic theory

Down

1. created table of elements
2. discovered radium
4. electrochemistry
5. father of molecular chemistry
6. dynamite inventor
7. model of the atom

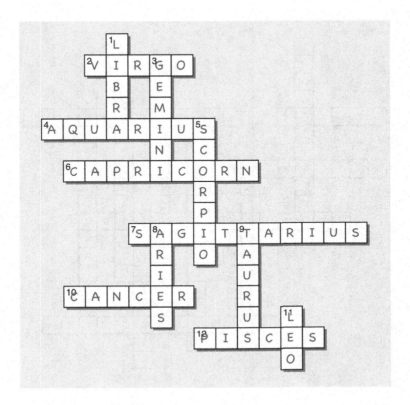

SIGNS OF THE ZODIAC

Across

2. the virgin
4. the water bearer
6. the goat
7. he archer
10. the crab
12. the fish

Down

1. the scales
3. the twins
5. the scorpion
8. the ram
9. the bull
11. the lion

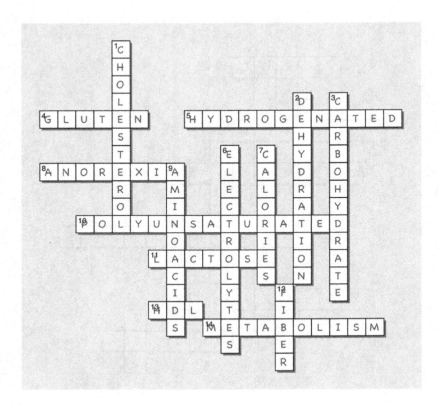

NUTRITION

Across

4. protein found in wheat
5. bad type of fat
8. eating disorder
10. good type of fat
11. the main carbohydrate in milk
13. good cholesterol
14. body process to get energy from food

Down

1. artery clogger
2. lack of enough body liquids
3. starch or sugar
6. minerals found in body fluids
7. food energy units
9. protein building blocks (2-words)
12. plant food part that is not digested

PSYCHOLOGY

Across

2. delusions of persecution
5. developed theory of operant conditioning
8. person preoccupied with illness
10. acts as moral guide
11. lack of passion or sympathy
13. faulty perceptions of the world

Down

1. area of psychology dealing with the law
3. variety of mental disorder
4. extreme distortions of perception and thinking
6. nervousness
7. father of humanistic psychology
9. type of relaxed brain waves
12. mental activity such as thinking
14. sense of self esteem

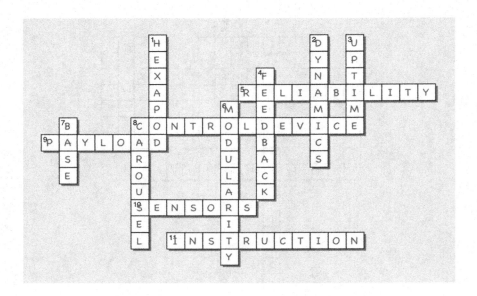

Robotics

Across

5. degree to which robot functions without failing
8. hardware providing human control of robot (2-words)
9. maximum weight robot can handle
10. robot input devices
11. programming code for robot

Down

1. uses six leg appendages to move over surface
2. study of robotic motion
3. duration of robot operation
4. info return from robot to operator
6. control system flexibility
7. platform for attachment of robotic arm
8. rotating platform

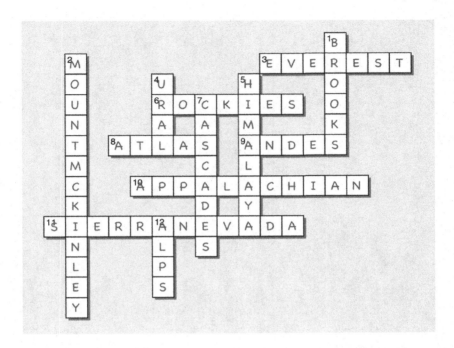

MOUNTAIN AND RANGES

Across

3. favorite of mountain climbers
6. located in western North America
8. mountain system in northwestern Africa
9. world's longest mountain chain
10. eastern part of the U.S. running parallel to Atlantic Ocean
11. this range contains Yosemite National Park (2-words)

Down

1. highest range in arctic circle Renamed Denali (2-words)
4. north south mountain range from Arctic Ocean to Aral Sea
5. world's highest mountain range
7. range that contains mount rainier
12. largest mountain system in Europe

QUIZZES

ANSWERS:

QUIZ #1: GENETICS

1. E
2. K
3. C
4. J
5. A
6. N
7. D
8. L
9. O
10. H

QUIZ #2:
THE MICROSCOPE

1. K
2. J
3. N
4. L
5. I
6. E
7. C, F
8. H
9. D
10. G

QUIZ #3:
FLOWER PARTS

1. O
2. G
3. F
4. I
5. A
6. N
7. D
8. C
9. J
10. M

QUIZ #4:
ENGINEERING
CAREERS IN PHYSICS

1. J
2. I
3. M
4. F
5. E
6. B
7. A
8. D
9. G
10. C

QUIZ #5: ELEMENTS

1. A
2. M
3. L
4. F
5. I
6. O
7. D
8. N
9. K
10. G

QUIZ#6: ECOLOGY

1. H
2. M
3. A
4. J
5. G
6. C
7. N
8. F
9. O
10. D

QUIZ #7: CAREERS IN
CHEMISTRY

1. E
2. A
3. N
4. H
5. O
6. J
7. D
8. K
9. G
10. L

QUIZ #8: SIGNS OF
THE ZODIAC

1. F
2. O
3. K
4. M
5. B
6. I
7. N
8. J
9. C
10. E

QUIZ #9 : FLOWERS
AROUND THE HOME

1. A
2. D
3. J
4. F
5. G
6. B
7. H
8. E
9. I
10. C

QUIZ #10: ATOMS
AND MOLECULES

1. J
2. A
3. H
4. D
5. C
6. F
7. G
8. E
9. F
10. B

QUIZ #11: ANSWERS:

1. C
2. D
3. G
4. B
5. A
6. E
7. I
8. H
9. F

QUIZ#12: GEOLOGIC
FORMATIONS

1. D
2. J
3. G
4. E
5. I
6. C
7. F
8. H
9. B
10. A

QUIZ# 13: FAMOUS
PHYSICISTS

1. J
2. A
3. D
4. F
5. B
6. C
7. I
8. E
9. H
10. G

QUIZ #14:
MATH TERMS

1. F
2. J
3. A
4. I
5. E
6. H
7. D
8. B
9. G
10. C

QUIZ# 15: TREES

1. A
2. G
3. D
4. I
5. J
6. B
7. E
8. C
9. H
10. F

WORD SEARCHES

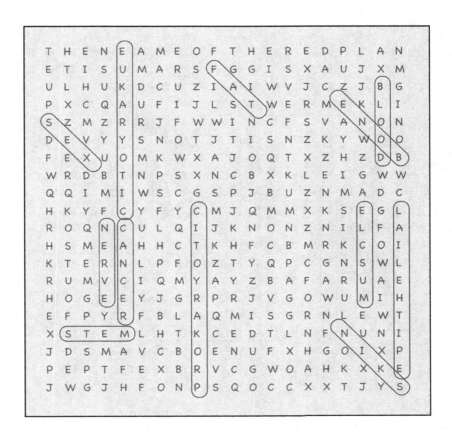

CELL TYPES

BLOOD	BONE	CANCER
EPITHELIAL	EUKARYOTIC	FAT
MUSCLE	NERVE	PROKARYOTIC
SEX	SKIN	STEM

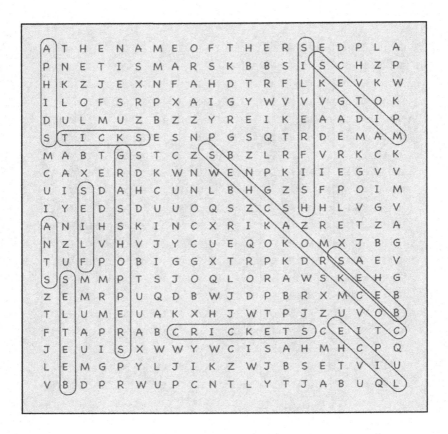

INSECTS

ANTS	APHIDS	BEES
BEETLES	COCKROACHES	CRICKETS
FLIES	GRASSHOPPERS	LICE
MITES	SILVERFISH	TICKS

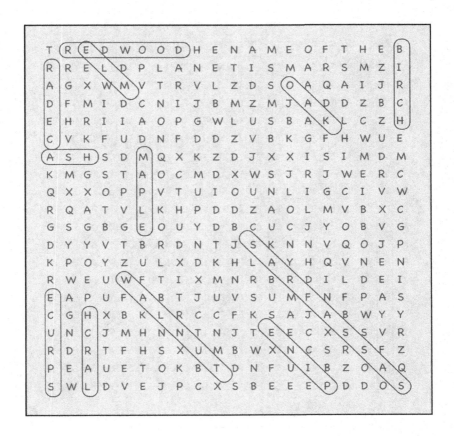

TREES

ASH	BIRCH	CEDAR
ELM	LARCH	MAPLE
OAK	PINE	REDWOOD
SASSAFRAS	SPRUCE	WALNUT

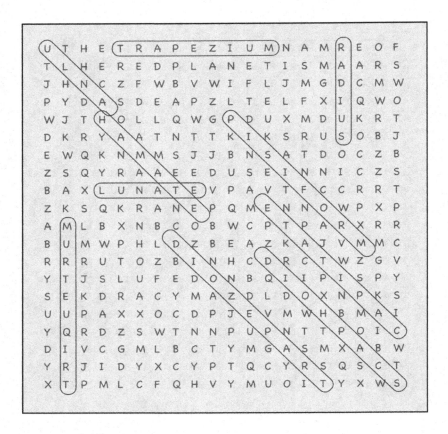

WRIST BONES

CAPITATE	HAMATE	LUNATE
PISIFORM	RADIUS	SCAPHOID
TRAPEZIUM	TRAPEZOID	TRIQUETRUM
ULNA		

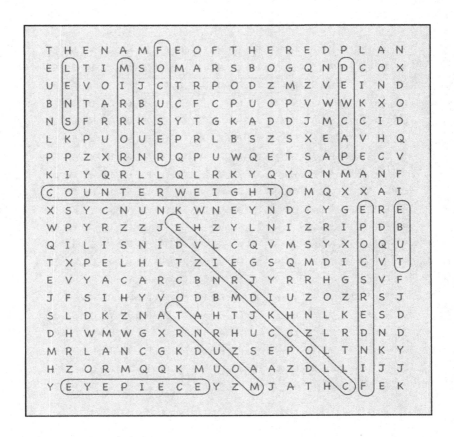

PARTS OF A TELESCOPE

CLOCKDRIVE	COUNTERWEIGHT	DEWCAP
EYEPIECE	FINDERSCOPE	FOCUSER
LENS	MIRROR	MOUNT
TUBE		

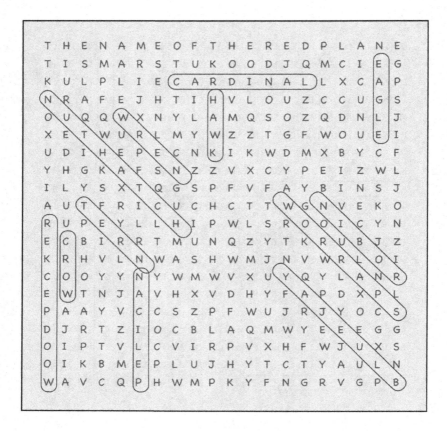

BIRDS

BLUEJAY	CARDINAL	CROW
EAGLE	HAWK	NUTHATCH
PELICAN	ROBIN	SPARROW
TERN	WOODPECKER	WREN

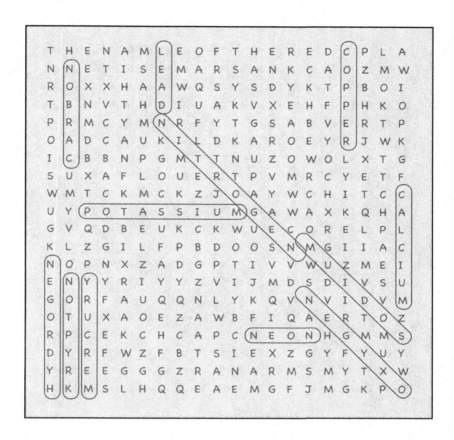

ELEMENTS

CALCIUM	CARBON	COPPER
HYDROGEN	KRYPTON	LEAD
MERCURY	NEON	NITROGEN
OXYGEN	POTASSIUM	SODIUM

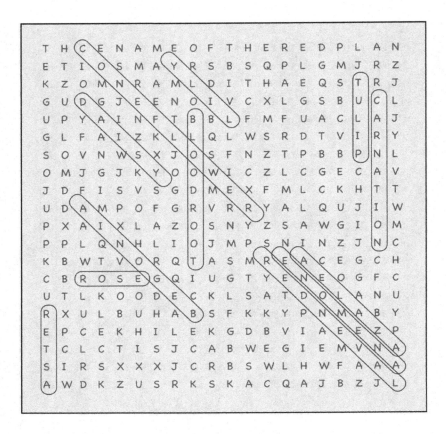

FLOWERS

ANEMONE	ASTER	AZALEA
BEGONIA	BLOODROOT	CARNATION
CONEFLOWER	DAISY	LAVENDER
LILY	ROSE	TULIP

LAB TOOLS

BALANCE	BEAKER	CYLINDERS
DROPPER	FLASKS	FUNNEL
GOGGLES	PETRIDISH	STOPPERS
TESTTUBES	THERMOMETER	TONGS

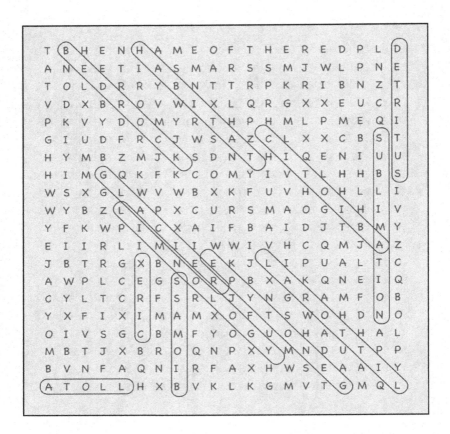

ECOLOGY

ABIOTIC	ATOLL	BEDROCK
BIOMASS	DETRITUS	GENOTYPE
GLACIER	HABITAT	LIMNOLOGY
LITTORAL	SUBLIMATION	XERIC

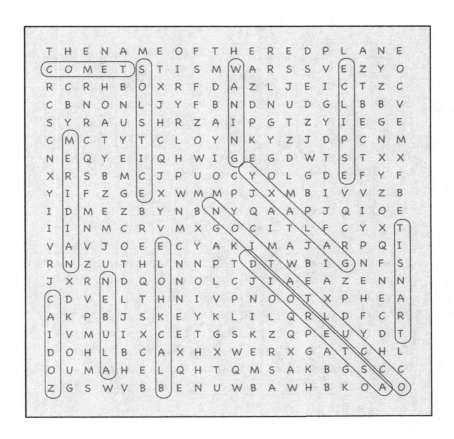

ASTRONOMY

ASTEROID	BLACKHOLE	COMET
ECLIPSE	GALAXY	MERIDIAN
NEBULA	OCCULTATION	SOLSTICE
TRANSIT	WANING	ZODIAC

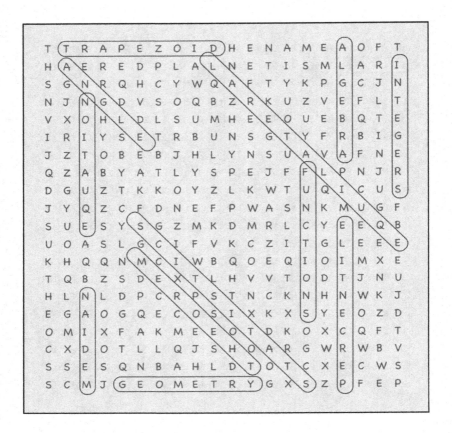

MATH

ALGEBRA	ANGLE	EQUATION
EQUILATERAL	FUNCTIONS	GEOMETRY
INTEGERS	MEDIAN	PERCENTILE
STATISTICS	THEOREM	TRAPEZOID

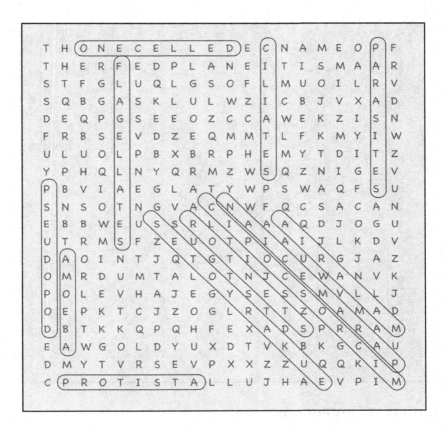

PROTOZOAN

AMOEBA	CILIATES	EUKARYOTES
FLAGELLATES	MALARIA	MICROSCOPIC
ONECELLED	PARAMECIAN	PARASITES
PROTISTA	PSEUDOPOD	STENTOR

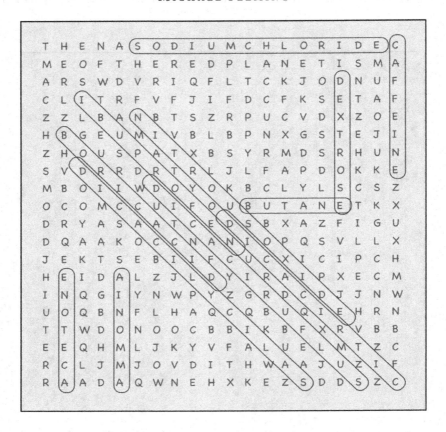

CHEMICAL COMPOUNDS

ACETONE	AMMONIA	BORICACID
BUTANE	CAFFEINE	CITRICACID
DEXTROSE	IBUPROFEN	NITROUSOXIDE
SALICYLICACID	SODIUMCHLORIDE	SUFURICACID

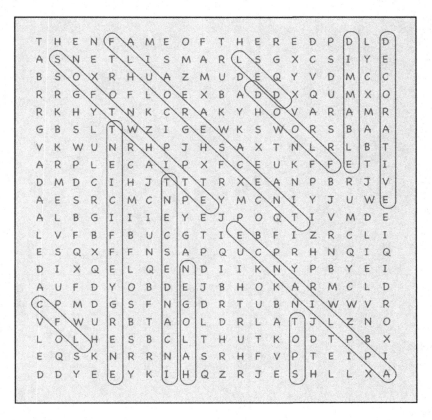

LIGHT BULBS

APPLIANCE	CFL	DECORATIVE
DIMMABLE	ENERGYEFFICIENT	FLOOD
FLUORESCENT	HALOGEN	INCANDESCENT
LED	SOFTWHITE	SPOT

Printed in the United States
By Bookmasters